AMAR

SEVERINO RODRIGUES

ILUSTRAÇÕES DE
LAERTE SILVINO

DADOS INTERNACIONAIS DE CATALOGAÇÃO NA PUBLICAÇÃO (CIP)
Angélica Ilacqua CRB-8/7057

Rodrigues, Severino
  Amar / Severino Rodrigues ; ilustrações de Laerte Silvino. -- São Paulo : Saberes e Letras, 2021.
  24 p. : il. (#veromundo)
  ISBN 978-65-994144-2-8
  1. Literatura infantojuvenil 2. Meio ambiente - Literatura infantojuvenil 3. Poluição - Literatura infantojuvenil I. Título II. Silvino, Laerte III. Série

21-0939   CDD 028.5

Índice para catálogo sistemático:
1. Literatura infantojuvenil   028.5

1ª edição – 2021
1ª reimpressão – 2021

Direção-geral: *Flávia Reginatto*
Editora responsável: *Andréia Schweitzer*
Coordenação de revisão: *Marina Mendonça*
Revisão: *Ana Cecilia Mari*
Gerente de produção: *Felício Calegaro Neto*
Produção de arte: *Telma Custódio*

Nenhuma parte desta obra pode ser reproduzida ou transmitida por qualquer forma e/ou quaisquer meios (eletrônico ou mecânico, incluindo fotocópia e gravação) ou arquivada em qualquer sistema ou banco de dados sem permissão escrita da Editora. Direitos reservados.

Saberes e Letras
Rua Botucatu, 171 – Vila Clementino
04023-060 – São Paulo – SP (Brasil)
Tel.: (11) 2125-3575
http://www.sabereseletras.com.br – editora@sabereseletras.com.br
Telemarketing e SAC: 0800-7010081

© Instituto Alberione – São Paulo, 2021

E assim que desci do carro, corri entre risadas e tropeços para a praia.
Foi quando vi a mancha. Ela não estava nos meus planos.
Muito menos nos meus sonhos.

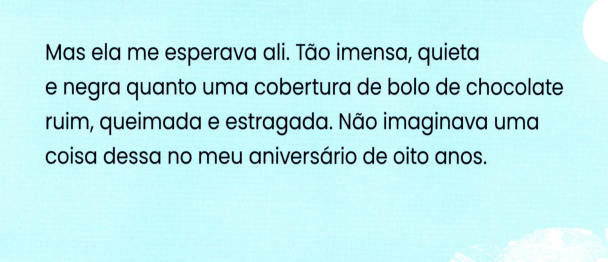

Mas ela me esperava ali. Tão imensa, quieta e negra quanto uma cobertura de bolo de chocolate ruim, queimada e estragada. Não imaginava uma coisa dessa no meu aniversário de oito anos.

Quis tocar com o dedo do pé. Mas a mancha virou onda e veio me agarrar. Sorte que fui pescada pelos braços do meu pai enquanto a estranha criatura voltava a ser mar.

Era uma **mancha enorme**, a se perder de vista.

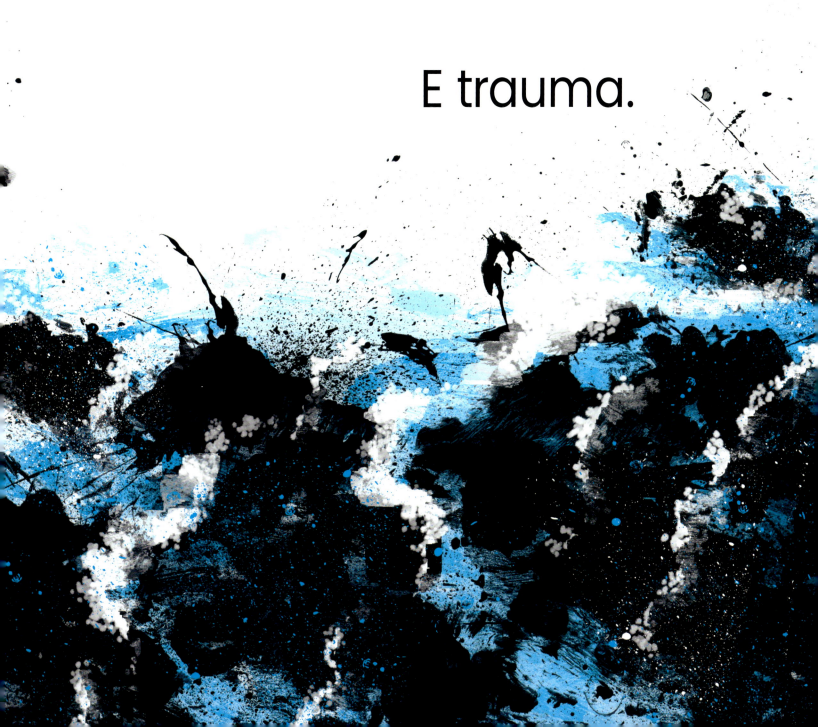

A mancha era medo.

E trauma.

Sob os coqueiros das barracas, os adultos discutiam
sem entender o que viam, mas queriam resolver e descobrir
o culpado. E eu olhava para eles e depois para a água.
Diziam que não era a primeira vez que aquilo acontecia e,
provavelmente, ainda não seria a última.

Então, as pessoas pararam de falar e começaram a trabalhar.
Eu quis ajudar, mas, como se suas mãos fossem tentáculos
de um polvo, minha mãe me segurou.

– **É perigoso** – ela falou.

Com o queixo, ela apontou uma ave com a pata presa na lama escura e grudenta, como se estivesse num pântano sombrio de conto de fada. Um adolescente a ajudou a se soltar.

Chegaram mais e mais pessoas. A tevê, o rádio e a internet apareceram. Carros, câmeras, correria. Parecia festa, mas não era. Muitas perguntas e poucas respostas.

Nas palavras que saltavam de boca em boca apenas sabiam quem era inocente. Quase nome de homem:

– O mar.

E eu, me sentindo presa, feito peixe em rede de pesca, só observava. Até que minha mãe me soltou com mil recomendações. Só segui uma, a minha. Peguei um balde e uma pá pequena, e fui recolhendo os respingos de tinta que um pintor desastrado derramou.

Sujaram feio a minha praia! Como cheirava mal tudo aquilo! Eu não conseguia evitar minha careta!

– Eles querem acabar com tudo! – gritou alguém em meio à multidão, com a voz emocionada.

Era uma senhora magra, de pele queimada de sol e que, de joelhos, acenava, pedindo apoio. Várias pessoas correram na direção dela. Eu também.

Só aí vi a tartaruga.

Toda coberta de negro, como um ninja.

As tartarugas do desenho tinham nome de pintores. Meu pai me explicou uma vez. Provavelmente aquela não tinha orgulho nenhum da obra que carregava. E não tinha graça nenhuma ver aquela cena. A máscara a impedia de respirar. Felizmente, conseguiram tirar boa parte dela. Infelizmente, viram algo mais. Por trás da máscara, um canudo no nariz. Plástico. Desagradável. Era doloroso de ver.

Um homem avisou que levariam a tartaruga para outro lugar. E, ao passar por mim, ele disse:

– Ela vai ficar bem. Vou cuidar bem dela.

O dia passou ligeiro. Tinha vindo mais gente. E limparam muito. Retiraram tudo. Ou quase tudo.

Só que os adultos comentavam que ainda viria mais. Muito mais. Se não fosse do mesmo jeito, seria de outro.

Por causa disso, à noite, tive um **pesadelo**.

Todo o mar era uma mancha. Monstruosa e viva. Cobrindo tudo, a praia e as barracas, agarrando tudo, as casas e a estrada, engolindo tudo, a cidade e o mundo. Menos eu. Que escapava. E acordava.

De manhã, ainda sem escovar os dentes
e tomar café, fui para a praia.

Triste, me perguntava:

"Mas e agora? O que a gente vai fazer?".

Fui até a beirinha da água. Naquele lugar onde
as ondas, parecendo brincar de pega-pega,
tentam tocar nossos pés.

E ouvi.

Não sei se foi o mar. Ou meu pai me chamando.
Ou até eu mesma falando sozinha em voz alta.
Mas havia escutado a resposta: